www.ingramcontent.com/pod-product-compliance
Lightning Source LLC
Chambersburg PA
CBHW080551220526
45466CB00010B/3108
9781688909199